W0074257

Mußestunden für die Seele
Ein Geburtstagsbuch für Bücherfreunde

Muße-stunden
für die Seele

Ein Geburtstagsbuch für Bücherfreunde

benno

Bibliografische Information der Deutschen Nationalbibliothek
Die Deutsche Nationalbibliothek verzeichnet diese
Publikation in der Deutschen Nationalbibliografie;
detaillierte bibliografische Daten sind im Internet unter
http://dnb.d-nb.de abrufbar.

Besuchen Sie uns im Internet:
www.st-benno.de

Gern informieren wir Sie unverbindlich und aktuell
auch in unserem Newsletter zum Verlagsprogramm,
zu Neuerscheinungen und Aktionen.
Einfach anmelden unter www.st.benno.de.

ISBN 978-3-7462-6088-4

© St. Benno Verlag GmbH, Leipzig
Zusammenstellung: Volker Bauch, Gößnitz
Umschlaggestaltung: Ulrike Vetter, Leipzig
Gesamtherstellung: Kontext, Dresden (B)

Inhalt

Das Geschenk

Ich finde und habe immer gefunden, dass sich ein Buch gerade vorzugsweise zu einem freundschaftlichen Geschenk eignet. Man liest es oft, man kehrt oft dazu zurück, man naht sich ihm aber nur in ausgewählten Momenten, braucht es nicht wie eine Tasse, ein Glas, einen Hausrat in jedem gleichgültigen Augenblick des Lebens und erinnert sich so immer des Freundes.

WILHELM VON HUMBOLDT

Die Reise ins Bücherland

Es war einmal ein kleiner Junge, so ungefähr wie du, der hieß Büx, hatte rote Hosen an und konnte weder lesen noch schreiben. Eines Tages kam er in das Zimmer seines Vaters, um ihn etwas zu fragen, nämlich warum die Fenster in den Häusern der Menschen viereckig seien, wo doch die Sonne, der Mond und die Augen rund wären. Denn das wollte ihm nicht in den Kopf.

Aber der Vater gab ihm keine Antwort. Er saß in seinem Lehnstuhl und schaute auf ein Ding in seinen Händen, das auch viereckig und auf beiden Seiten mit Läden oder Türen versehen war, die man auf- und zumachen konnte. Dazwischen war Blatt für Blatt viel schönes weißes Papier und darauf viele Reihen winziger Figürchen, fast wie Kolonnen marschierender Soldaten anzusehen. Sie gingen hintereinander zu zweit, zu fünft und mehr, in kleinen Trupps, und manchmal war vorn ein Offizier. Der Vater schien großen Gefallen an den Figuren zu haben; denn zuweilen lachte er vor sich hin. Dann aber schaute er ernst drein, nickte mit dem Kopf oder wurde traurig und musste sich schneuzen.

Büx trat leise herzu und schaute auch eine gute Weile hinein. Aber er musste dabei weder lachen noch weinen.

„Was tust du?", fragte Büx endlich und legte seine kleine Hand auf die große Hand des Vaters, um ihn freundlich zu stimmen.

„Ich lese ein Buch", sagte der Vater.

„Was ist ein Buch?", fragte nun sein kleiner Sohn.

Da musste der Vater lachen.

„Ja, Büxlein", sagte er, „was ist ein Buch!" Und er nahm ihn bei der Hand und führte ihn vor ein Gestell, da standen sehr viele solcher Bücher. „Die Menschen", sagte der Vater, „haben sich die kleinen Zeichen oder Bilderchen ausgedacht, um damit alles Schöne und Gute aufzuzeichnen, was sie erlebt, gesehen und gedacht haben, damit es nicht vergessen wird. Denn das wäre doch jammerschade. Und wenn du mal lesen gelernt hast, dann brauchst du bloß die Tür des Buches aufzumachen, und es sagt dir alles, was es weiß, so etwa, wie wenn ich dir eine Geschichte erzähle."

„Wie hübsch", sagte Büx. „Bist du denn auch ein Buch?"

„Ja, aber ein zweibeiniges", sagte der Vater. Und dann sprach er davon, dass ja bald Weihnachten sei! Mehr sagte er nicht.

Als Büx abends zu Bett ging, musste er immerzu an die Bücher und Weihnachten denken. „Gute Nacht, schlaf gut", sagte er zu seinem Hündchen. Das schlief bereits und knurrte im Traum.

Mitten in der Nacht spürte Büx plötzlich, dass ihn fröstelte. Es zerrte immer an seiner Bettdecke. Da wischte er sich den Schlaf aus den Augen, setzte sich auf und guckte. Der Mond schien, und so konnte er ganz deutlich sehen, dass ein Buch in seinem Bett stand. Es stand aufrecht auf seinen Ecken, ein wenig vorgebeugt und hatte den Zipfel der Bettdecke sehr geschickt gepackt und zerrte daran. Davon war Büx aufgewacht.

„Nanu, was soll denn das?", rief er.

„Komm, sei lieb", sagte das Buch, „steh auf, wasch dich und zieh dich an."

Büx folgte, und als er fertig war, schlug sich das Buch auf und bat ihn höflich, darauf Platz zu nehmen.

„Aber mein Hündlein muss auch mit", sagte Büx.

„Ich bitte darum", antwortete das Buch.

„Flieg, Büchlein, flieg", jauchzte Büx. Da flog es auf, flügelschlagend wie ein großer Schmetterling, zum Fenster hinaus in die weite Welt, zu den Wolken, zu den Sternen empor, ließ den Mond links liegen und flog und flog. Das Hündlein bellte und schnappte nach den Sternen im Vorbeifliegen.

„Und wohin soll die Reise gehen?", fragte Büx.

„Ins Bücherland", rief ihm der Mond nach. Da waren sie schon am Ziel.

Sie landeten sanft auf einer Waldwiese. Die Reisenden stiegen aus, und Büx klappte das Buch zu und nahm es unter den Arm. So zogen sie ins Bücherland. Das war nun freilich eine merkwürdige Gegend. Alles war aus Büchern. Die Berge, die Tannen, sogar die Blumen waren kleine Büchlein aus rotem Saffian, nicht größer als die Taschenkalenderchen. Wenn man daran roch, dann wusste man gleich eine schöne Geschichte. Auch die Vögel waren Bücher und sangen in Versen von Frühling und Liebe. Das gefiel dem Büx gar wohl. Sein Hündlein wollte auch singen. Aber es wurde immer nur der gleiche Reim: Wau! Wau!

Als sie durch den großen dunklen Bücherwald gegangen waren, kamen sie auf einen Berg, und zu ihren Füßen lag friedlich die Hauptstadt der Poesie. Mauern und Tore, Häuser und Kirchen, alles war aus Büchern gebaut. Die roten Rücken der Dächer waren gar lustig anzusehen. Erst mussten sie noch über die Papierflut und dann spazierten sie frohgemut durch das Stadttor.

Nein, so etwas hatte Büx noch nicht gesehen. Die Bücherstadt war vom Volk der Buchstaben bewohnt. Sie sahen ganz ähnlich aus wie wirkliche Menschen. Sie redeten auch verschiedene Sprachen, buchstäblich. Besonders auf dem Büchermarkt herrschte geschäftiges Leben. Und wenn sich die rechten Leute zusammenfanden, dann ergab es jedes Mal ein hübsches Wort: „Friede" oder „Schönheit" oder „Heimat".

Es war aber so viel zu sehen, dass Büx alsbald rechtschaffen hungrig und müde wurde. Er aß gebackenen Zwiebelfisch und Papierschnitzel. Zum Nachtisch nahm er einige Lesefrüchte. Dann legte er sich auf den Westöstlichen Diwan, wobei er das treue Buch als Kopfkissen benutzte, und schlief ganz köstlich.

Am andern Tag machten sie eine Segelpartie auf der Papierflut. Es war so schön, dass sie gar nicht merkten, wie lange sie schon unterwegs waren. Immer einsamer wurde die Gegend, und schließlich begann es tüchtig zu schneien. Büx wusste nicht, wo sie sich befanden. Er ging an Land und wanderte aufs Geratewohl dahin.

O Schreck, was kam ihm da entgegen? Der Bücherwurm, und er wollte ihn und das Hündlein verschlingen. Da wusste sich Büx keinen anderen Rat, als das Buch dem Ungeheuer in den Rachen zu werfen. Das war seine Rettung. Das Untier ließ von ihm ab.

Nun hatte Büx kein Buch mehr! Weit und breit war nur Öde und Flachheit, wohin er blickte. Da musste er weinen. Die Tränen flossen, und Büx und das Hündlein trotteten traurig hinterdrein. „Ich will heim", sagte Büx.

Da begegnete ihm der Druckfehlerteufel, der gerade kegelte und sehr vergnügt war, wenn er alles durcheinanderwerfen konnte. Dann erzählte Büx sein Missgeschick mit dem Buch. „Schlimm, schlimm", sagte grinsend der Teufel, „da sieh nur zu, dass du es wiederkriegst."

Büx wanderte weiter. Auf einem Berge stand eine alte Buchruine, von wo man weit ins Land schauen konnte. Da sah Büx von ferne sein Elternhaus, und er lief darauf zu, ohne sich umzusehen. „Da lege ich mich geschwind ins Bett", dachte er bei sich, „und wache auf, dann ist alles wieder gut."

Als er daheim in die Stube trat, da brannte der Christbaum, und darunter lag unversehrt das verlorene Buch. Darinnen stand getreulich geschrieben und abgebildet, was Büx und sein Hündlein auf ihrer Reise ins Bücherland erlebt hatten. Und damit fängt die Geschichte wieder von vorne an.

ERNST PENZOLDT

Schreiben ist mehr – von Schriftstellern und Redakteuren

Je leichter ein Buch zu lesen ist,
desto schwerer
wurde es geschrieben.

JOHANNES MARIO SIMMEL

Die Bibliogenie oder Die Entstehung der Bücherwelt

Bei vielen Menschen ist das Versemachen eine Entwicklungskrankheit des menschlichen Geistes.

Wenn ein Buch und ein Kopf zusammenstoßen und es klingt hohl, ist das allemal im Buch?

Wenn wir mehr selbst dächten, so würden wir sehr viel mehr schlechte und sehr viel mehr gute Bücher haben.

Acht Bände hat er geschrieben. Er hätte gewiss besser getan, er hätte acht Bäume gepflanzt oder acht Kinder gezeugt.

Es ist heutzutage Mode geworden, das Bücherschreiben als den Endzweck des Studierens anzusehen; daher studieren so viele, um zu schreiben, anstatt dass sie studieren sollten, um zu wissen. Was man nur ankauft, um es bei der ersten Gelegenheit wieder anzubringen, vermischt sich nie recht mit uns und war nie recht unser.

Nicht jeder Original-Kopf führt eine Original-Feder, und nicht jede Original-Feder wird von einem originellen Kopf regiert.

Ein aufmerksamer Denker wird in den Spielschriften großer Männer oft mehr Lehrreiches und Feines finden als in ihren ernsthaften Werken. Das Formelle, Konventionelle, Etikettenmäßige fällt da gemeiniglich weg; es ist zum Erstaunen, wie viel elendes, konventionelles Zeug noch in unserer Art im Druck zu erzählen ist. Die meisten Schriftsteller nehmen eine Miene an so wie manche Leute, wenn sie sich malen lassen.

Ja kein Buch geschrieben, wo eine Seite hinreicht, und kein Kapitel, wo ein Wort ebendie Dienste tut.

Es gibt kein sicheres Kriterion von einem großen Schriftsteller, als wenn sich aus seinen Anmerkungen *en passant* Bücher machen lassen. Tacitius und Sterne sind jeder in seiner Art Muster hiervon.

Es gibt wenige Gelehrte, die nicht einmal gedacht haben, sich reich zu schreiben. Das Glück ist nur wenigen beschieden. Unter den Büchern, die geschrieben werden, machen wenige ihr Glück, wenn sie leben bleiben; und die meisten werden tot geboren.

Es schicken wohl wenige Menschen Bücher in die Welt, ohne zu glauben, dass nun jeder seine Pfeife hinlegen oder sich eine anzünden werde, um sie zu lesen.
Dass mir diese Ehre nicht zugedacht ist, sage ich nicht bloß, denn das wäre leicht, sondern ich glaube es auch, welches schon etwas schwerer ist und erlernt werden muss. Autor, Setzer, Korrektor, Zensor, der Rezensent kann es lesen, wenn er will; aber nötig ist es nicht; das sind von tausend Millionen gerade fünf.

Es ist traurig, dass die meisten Bücher von Leuten geschrieben werden, die sich zu dem Geschäft *erheben*, anstatt dass sie sich dazu herablassen sollten. Hätte z. B. Lessing ein Vademekum für lustige Leute herausgeben wollen, ich glaube, man hätte es in alle Sprachen der Welt übersetzt. Aber so schreibt jedermann gern über Dinge, worin er sich noch selbst gefällt; und man gefällt sich selten in Dingen, die man so inne hat und übersieht wie etwa das Einmaleins. Wer, wenn er schreibt, um sich Genüge zu tun, alles sagt, was er weiß, schreibt gewiss schlecht. Hingegen wer anhalten muss, um nicht zu viel zu sagen, kann sich eher Beifall versprechen.

Die eigentlichen Geschichtsklauber, die, um eine Jahreszahl zu berichtigen, Folianten langsam durchblättern und ganze Frühlinge versitzen, sind überhaupt ein murrendes, alles andere verachtendes Volk und können sich sehr erbittern, wenn man ihnen irgendein Werk vorzieht, das mit Leichtigkeit geschrieben zu sein scheint.

Ein Buch, das nicht einen solchen Charakter hat, den selbst der schlechteste Übersetzer kaum für den Mann von Geist verderben kann, ist gewiss nicht für die Nachwelt geschrieben.

Es ist leider in Deutschland der allgemeine Glaube, doch nur, gottlob, unter den eigentlich Unmündigen, dass jemand von demjenigen viel verstehen müsse, worüber er viel geschrieben hat. Gerade das Gegenteil! Die Leute, die keine Denker sind und bloß schreiben, um zu schreiben und im Messkatalogus zu stehen, verstehen oft vierzehn Tage nachher weniger von dem, was sie geschrieben haben, als der erbärmlichste ihrer Leser. Gott bewahre alle Menschen vor dieser Art von Schriftstellerei! Es ist aber leider die gemeinste.

In allen Dingen in der Welt gibt es ein *Coup d'Œil*, das heißt: Jeder vernünftige Mensch, der etwas hört oder sieht, urteilt instinktmäßig darüber. Er schließt z. B. aus dem Titel des Buchs und dessen Dicke auf den inneren Wert. Wohlverstanden: Ich sage nicht, dass diese Dinge sein eigentliches Urteil lenken, sondern nur, dass er mit dem ersten Anblicke einer Sache auch ein dieser geringen Information proportioniertes Urteil von ihr verbindet, oft ohne dass er sich dessen deutlich bewusst wird. Auch hebt die Erfahrung der nächsten Sekunde das Urteil oft wieder auf.

Ich möchte wohl den Titel des letzten Buches wissen, das gedruckt werden wird, Original versteht sich, nicht Auflage.

Ich habe wohl hundertmal bemerkt und zweifle gar nicht, dass viele meiner Leser hundertundein oder -zweimal bemerkt haben mögen, dass Bücher mit einem sehr einnehmenden, gut erfundenen Titel selten etwas taugen. Vermutlich ist er vor dem Buche selbst erfunden, vielleicht oft von einem andern.

Man sollte die Bücher immer desto kleiner drucken lassen, je weniger Geist sie enthalten.

In dem güldenen Alter der Welt, ich meine die Zeiten der so genannten Barbarei, da hielt man noch auf ein Buch. Eine Gräfin Agnes von Anjou bezahlte für ein Homiliarium eines Bischofs Haimo zu Halberstadt 200 Schafe, 5 Malter Weizen und, glaube ich, ebenso viel Malter Roggen und Hirse. Zweihundert Schafe für einen Band Homilien, das klingt doch noch wie ein *pro labore*. Aber fragt einmal jetzt einen Halberstädtischen Domherrn, was man für empfindsame Predigten kriegt. Keine Hammelkeule.

Die meisten deutschen Gelehrten sind die Dolmetscher der Müßiggänger und die Mäkler der Buchhändler.

Wie viele Menschen mag wohl die Bibel ernährt haben, Kommentatoren, Buchdrucker und Buchbinder?

Reiche Buchhändler sind wahre Phänomene, unsre Tuch- und Seidenkrämer leben im Überfluss.

Man klagt über die entsetzliche Menge schlechter Schriften, die jede Ostermesse herauskommen. Ich sehe das schlechterdings nicht ein. Warum sagen die Kritiker, man soll die Natur nachahmen? Diese Schriftsteller ahmen die Natur nach, sie folgen ihrem Triebe so gut wie die großen. Und ich möchte nur wissen, was irgendein organisches Wesen mehr tun könne als seinem Triebe folgen? Ich sage: Seht die Bäume an, zum Exempel die Kirschenbäume; sagt, wie viele Kirschen von den grünen werden da reif? Nicht der fünfzigste Teil; die andern fallen ab. Wenn nun die Kirschenbäume Makulatur drucken, wer will es den Menschen wehren, die doch besser sind als die Bäume? Ja, was sage ich, die Bäume: Wisst ihr nicht, dass von den Menschen, die das prokreierende Publikum jährlich herausgibt, mehr als ein Drittel stirbt, ehe es zwei Jahre alt wird? Wie die Menschen, so die Bücher, die von ihnen geschrieben werden. Anstatt mich also über die überhandnehmende Schriftstellerei zu beklagen, bete ich vielmehr die hohe Ordnung der Natur an, die es überall will, dass von allem, was geboren wird, ein großer Teil zu Dünger wird und zu Makulatur, welches eine Art von Dünger ist. Mit einem Wort: Deutschland ist das wahre Bücher-Beet für die Welt; die Treibhäuser, die Gärtner, ich meine die Buchhändler, mögen auch sagen, was sie wollen.

Wenn, was Leibniz geweissagt hat, dereinst die Bibliotheken Städte werden, so wird es auch düstere Straßen und Schindergässchen geben so wie jetzt.

Ich lese gar keine Bücher, wo ich noch beim dritten oder vierten Bogen sagen kann: das kann ich auch.

Man kann sicher bei verschlossenen Augen in das erste beste Buch den Finger auf eine Zeile legen und sagen, hierüber ließe sich ein Buch schreiben. Wenn man die Augen auftut, so wird man sich selten betrogen finden.

Man empfiehlt Selbstdenken oft nur, um die Irrtümer anderer beim Studieren von Wahrheit zu unterscheiden. Es ist ein Nutzen, aber ist das alles? Wie viel unnötiges Lesen wird uns erspart? Ist denn Lesen Studieren?

Es hat jemand mit großem Grunde der Wahrheit behauptet, dass die Buchdruckerei Gelehrsamkeit zwar mehr ausgebreitet, aber im Gehalt vermindert hätte. Das viele Lesen ist dem Denken schädlich. Die größten Denker, die mir vorgekommen sind, waren gerade unter allen den Gelehrten, die ich habe kennengelernt, die, die am wenigstens gelesen hatten. Ist denn Vergnügen der Sinne gar nichts?

Bei manchem Werk eines berühmten Mannes möchte ich lieber lesen, was er weggestrichen hat, als was er hat stehen lassen.

Es ist ganz gut, viel zu lesen, wenn nur nicht unser Gefühl darüber stumpf würde und über der großen Begierde, immer ohne eigne Untersuchung mehr zu wissen, endlich in uns der Prüfungsgeist erstürbe.

Es gibt wirklich sehr viele Menschen, die bloß lesen, damit sie nicht denken dürfen.

Er las immer Agamemnon statt „angenommen", so sehr hatte er den Homer gelesen.

Der deutsche Gelehrte hält die Bücher zu lange offen, und der Engländer macht sie zu früh zu. Beides hat indessen in der Welt seinen Nutzen.
Ich vergesse das meiste, was ich gelesen habe, so wie das, was ich gegessen habe; ich weiß aber so viel: Beides trägt nichtsdestoweniger zur Erhaltung meines Geistes und meines Leibes bei.

Ich glaube, dass einige der größten Geister, die je gelebt haben, nicht halb so viel gelesen hatten und bei Weitem nicht so viel wussten als manche unserer sehr mittelmäßigen Gelehrten. Und mancher unserer sehr mittelmäßigen Gelehrten hätte ein größerer Mann werden können, wenn er nicht so viel gelesen hätte.

Ich glaube nicht, dass ein vernünftiger Mann in Deutschland ist, der sich um das Urteil einer Zeitung bekümmert, ich meine, der ein Buch verdammt, weil es die Zeitung verdammt, oder schätzt, weil es die Zeitung anpreist, denn es streitet schlechterdings mit dem Begriff eines vernünftigen Mannes.

Unter die größten Entdeckungen, auf die der menschliche Verstand in den neuesten Zeiten gefallen ist, gehört meiner Meinung nach wohl die Kunst, Bücher zu beurteilen, ohne sie gelesen zu haben.

Ob ich gleich weiß, dass sehr viele Rezensenten die Bücher nicht lesen, die sie so musterhaft rezensieren, so sehe ich doch nicht ein, was es schaden kann, wenn man das Buch lieset, das man rezensieren soll.

Ich sehe die Rezensionen als eine Art von Kinderkrankheit an, die die neugebornen Bücher mehr oder weniger befällt. Man hat Exempel, dass die gesündesten daran sterben und die schwächlichen oft durchkommen. Manche bekommen sie gar nicht. Man hat häufig versucht, ihnen durch Amulette von Vorrede und Dedikation vorzubeugen oder sie gar durch eigene Urteile zu inokulieren; es hilft aber nicht immer.

Es gibt eine gewisse Art von Büchern, und wir haben in Deutschland eine große Menge, die nicht vom Lesen abschrecken, nicht plötzlich einschläfern oder mürrisch machen, aber in Zeit von einer Stunde den Geist in eine gewisse Mattigkeit versetzen, die zu allen Zeiten einige Ähnlichkeit mit derjenigen hat, die man einige Stunden vor einem Gewitter verspürt. Legt man das Buch weg, so fühlt man sich zu nichts aufgelegt, fängt man an zu schreiben, so schreibt man ebenso, selbst gute Schriften scheinen diese laue Geschmacklosigkeit anzunehmen, wenn man sie zu lesen anfängt. Ich weiß aus eigener Erfahrung, dass gegen diesen traurigen Zustand nichts geschwinder hilft als eine Tasse Kaffee mit einer Pfeife Varinas.

Es hatte die Wirkung, die gemeiniglich gute Bücher haben. Es machte die Einfältigen einfältiger, die Klugen klüger, und die übrigen Tausende blieben ungeändert.

Es soll in einem Buch weiter nichts stehen, als was gerade hinein gehört. Kein Gedanke und kein Wort? Nonsense. Besteht denn der Mensch auch bloß aus Leib und Seele? Oder hat er nicht auch

Speck, der weder zum einen noch zum andern gehört?

Ein Buch ist ein Spiegel; wenn ein Affe hineinguckt, so kann freilich kein Apostel heraussehen.

In Büchern nach den Menschen suchen, sollte ich deswegen für eine schlechtere Arbeit halten als selbst beobachten, weil die wenigsten imstande sind, den Menschen, so wie er ist, zu Buch zu bringen; und dasselbe Geistesgebrechen, welches macht, dass man den Menschen falsch beobachtet, macht, dass man ihn auch falsch im Buche erkennt; also ist bei dem letzteren Studium die Wahrscheinlichkeit zu fehlen doppelt so groß als beim ersten.

Die traurigste Art von Schriften ist die, die weder Raisonnement genug erhalten, um zu überzeugen, noch Witz genug, um zu ergötzen.

Das Buch, das in der Welt am ersten verboten zu werden verdiente, wäre ein Katalogus von verbotenen Büchern.

Eine seltsamere Ware als *Bücher* gibt es wohl schwerlich in der Welt. Von Leuten gedruckt, die sie nicht verstehen; von Leuten verkauft, die sie nicht verstehen; gebunden, rezensiert und gelesen von Leuten, die sie nicht verstehen; und nun gar geschrieben von Leuten, die sie nicht verstehen.

Der einzige Fehler, den die recht guten Schriften haben, ist der, dass sie gewöhnlich die Ursache von sehr vielen schlechten oder mittelmäßigen sind.

Vielleicht leistet manches schlechte Buch, das jetzt verachtet wird, dereinst einem guten ebenden Dienst, den die elenden Schauspiele den Shakespeareschen geleistet haben, mit dessen Werken sie gleichzeitig waren. So kommt auch dem schlechten Schriftsteller der Trost zustatten, dass die Nachwelt dereinst sein Verdienst erkennen wird.

Er schickte mir ein sehr schlecht gedrucktes und geschriebenes Trostgedicht, gerade als wenn man Tränen mit Löschpapier trocknen könnte.

Schreibt man denn Bücher bloß zum Lesen? Oder nicht auch zum Unterlegen in der Haushaltung?

Gegen eins, das durchgelesen wird, werden Tausende durchgeblättert, andere Tausend liegen stille, andere werden auf Mauselöcher gepresst, nach Ratzen geworfen, auf andern wird gestanden, gesessen, getrommelt, Pfefferkuchen gebacken, mit andern werden Pfeifen angesteckt, hinter dem Fenster damit gestanden.

Die Wälder werden immer kleiner, das Holz nimmt ab, was wollen wir anfangen? Oh, zu der Zeit, wenn die Wälder aufhören, können wir sicherlich so lange Bücher brennen, bis wieder neue aufgewachsen sind.

GEORG CHRISTOPH LICHTENBERG

Der schlechte Hausaufsatz

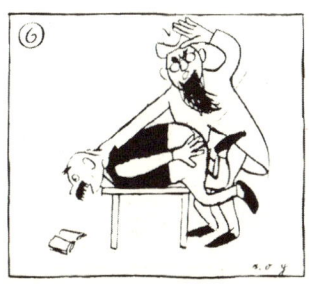

Würdigung

Zum 90. Geburtstag George Bernhard Shaws unterlief einer Schweizer Zeitung bei ihrer Würdigung ein kapitaler Fehler.

Der Artikel war überschrieben mit: „Bernhard Shaw – der große Irre."

Der irische Schriftsteller sandte der Zeitung ein Telegramm:

„Bin ganz Ihrer Meinung, aber mussten Sie dies ausgerechnet zu meinem 90. Geburtstag verkünden?"

Vorsätze

Ich will den Gänsekiel in die schwarze Flut tauchen. Ich will einen Roman schreiben. Schöne, wahre Menschen sollen auf den Höhen des Lebens wandeln, auf ihrem offenen Antlitz soll sich die Freiheit widerspiegeln …
Nein. Ich will ein lyrisches Gedicht schreiben. Meine Seele werde ich auf sammetgrünem Flanell betten, und meine Sorgen werden kreischend von dannen ziehen …
Nein. Ich will eine Ballade schreiben. Der Held soll auf blumiger Au mit den Riesen kämpfen, und wenn die Strahlen des Mondes auf seine schöne Prinzessin fallen, dann …
Ich will den Gänsekiel in die schwarze Flut tauchen. Ich werde meinem Onkel schreiben, dass ich Geld brauche.

KURT TUCHOLSKY

Vielschreiber

Gewiss, auch ich bin ein Vielschreiber. Aber wahrlich einer durch unwiderstehlichen Zwang. Wohl hat sich noch nie bei mir eine Schreibmaschine wegen Überbürdung zu beklagen gehabt. Aber es ist richtig, dass meine Hand den Bestellungen meines Kopfes nicht immer nachkommen kann. Wie beneide ich die Autoren, deren Kopf den Bedürfnissen ihrer Hand nicht nachkommt! Sie können sich wenigstens ausruhen.

KARL KRAUS

Regentag

Benjamin Franklin war in Paris in Gesellschaft etlicher berühmter Männer.
„Monsieur Franklin", fragte ihn der Abbé Raynal, „welches Geschöpf auf Erden ist, Ihrer Ansicht nach, am meisten zu beklagen?"
„Ein Mensch, der nicht lesen kann und an einem Regentag sich selber überlassen ist", erwiderte Franklin.

Rechtschreibung

Nicht nur die moderne Rechtschreibreform berei-
tet viele Schwierigkeiten. Schon Johann Wolfgang
von Goethe konnte sich mit der Rechtschreibung
nicht recht befreunden und erklärte, er mache in
jedem seiner Briefe Rechtschreibfehler und setze
schon gar keine Kommas. In das verlegene Schweigen der Zuhörer ergänzte er: „Dabei beruhige ich
mein Gewissen mit der Meinung des verehrten
Wieland, der behauptet: Religion und Interpunk-
tion sind Privatsache."

Bischof und Privatsekretärin

Es ist mir bewusst, dass ich ein delikates Thema anschneide. Aber was will man schon tun, wenn man ständig mit den Forderungen nach Transparenz in der Kirche konfrontiert wird? Natürlich wird über das Verhältnis eines Bischofs zu seiner Privatsekretärin gemunkelt, und die eifrigen Vertreter gewisser Presseerzeugnisse wetzen die Federn oder polieren die Mikrofone. Und deshalb will ich ihnen zuvorkommen, bevor die Enthüllungsjournalisten einer entsprechenden Schlagzeile entgegenzufiebern beginnen. Die Hoffnung auf pikante Storys aus den oberen Etagen der Kirche ist ja immer hellwach.

Ich gebe ganz offen zu, dass meine Privatsekretärin ungewöhnliche Vorrechte hat. Sie darf sich höchst ungezwungen in allen Räumen bewegen. Ja hie und da setzt sie sogar auf raffinierte Weise den Zugang zu meinem Schlafzimmer durch, obwohl sie damit eindeutig Grenzen überschreitet. Und weil ich schon bei einem so offenherzigen „Outing" bin, gebe ich auch zu, dass ich hie und da „Mausi" zu ihr sage und dass es zu gewissen Vertraulichkeiten kommt.

Aber damit hat es sich auch. Meine Privatsekretärin ist sehr diskret und bringt mich nie in einen falschen Verdacht. Es handelt sich nämlich um eine possierlich-elegante, höchst eigenwillige Katze. (Weniger differenzierte Menschen sprechen in diesem Zusammenhang von einem „damischen Vieh". Aber derartig derbe Qualifikationen werden ihrem Charakter keineswegs gerecht.)

Sie hat ihre bedeutende diözesane Position trotz einer etwas dunklen Vergangenheit errungen. Genaugenommen war sie ein Sozialfall. Sie ist als heruntergekommene, halbverwilderte Streunerin aufgetaucht und hat sich im alten Holzkeller des Bischofshauses einquartiert.

Aus dem Dunkel dieses Raumes heraus hat sie jeden wütend angefaucht, der ihr zu nahe kam. Als ihr meine gutherzige Wirtschafterin immer wieder etwas zum Fressen hinstellte, wurden die Umgangsformen der Hergelaufenen immer kultivierter. Schließlich beschloss sie, aufgrund des ihr zusagenden Betriebsklimas in kirchliche Dienste zu treten. Und so begann ihre Bilderbuchkarriere, ihr Aufstieg vom Holzkeller in die Privatgemächer der bischöflichen Residenz. Das ist zwar ein etwas hochtrabender Ausdruck für die alte Hütte am Domplatz, aber Sie wissen ja, wie es gemeint ist.

Im Zuge ihres Resozialisierungsprozesses hat sie zweifellos ihre Identität und Würde wiederentdeckt.

Dieser Gedanke drängt sich mir unwillkürlich auf, wenn ich ihr zusehe, wie sie am Fenster meines Arbeitszimmers sitzt und mit einer Konzentration zum Domplatz hinuntermeditiert, zu der nur Katzen fähig sind.

Irgendwie erinnert sie mich an den in der deutschen Literaturgeschichte unsterblich gewordenen Kater Hiddigeigei, dem Joseph Viktor von Scheffel in seinem Werk „Der Trompeter von Säckingen" ein Denkmal gesetzt und folgende Verse gewidmet hat, die die Gedanken eines sinnenden Katers widerspiegeln:

> „Warum küssen sich die Menschen?
> Warum davon meist die jungen?
> Warum diese meist im Frühling?
> Über diese schweren Dinge
> werd' ich nächstens auf dem Dache
> etwas näher meditieren …"

Ich bin allerdings sicher, dass meine Privatsekretärin *darüber* nicht meditiert, wenn sie auf den Domplatz hinunterschaut (obwohl das dortige Geschehen auch zu diesem Thema einschlägige Anregungen böte). Das hat nichts mit irgendwelchen Tabuisierungen zu tun, die ihr vielleicht ihre derzeitige kirchliche Position nahelegen könnte. Nein – ich weiß genau, dass sie über die Tauben meditiert. Vögel haben es ihr überhaupt angetan.

Sie kommt seelisch nur schwer darüber hinweg, wenn sie zuschauen muss, wie eine Amsel unbekümmert vor dem Fenster zwitschert, die eben schon längst von der absoluten Sicherheit des Fensterglases überzeugt ist. Die Katze findet die Vögel ebenso interessant wie die Mäuse in der Speisekammer und auf dem Dachboden. Für Mäuse ist ein 500 Jahre altes Haus selbstverständlich eine Traumvilla. Seit Jahren haben sie fröhlich und ungestört in den hohlen Zwischenböden ein intensives gesellschaftliches Leben entwickelt, wobei sie immer wieder meine Speisekammer mit einer Außenstelle der bischöflichen Caritas verwechselten. Meine Privatsekretärin hat sie in die Schranken gewiesen. Nach mehreren Familientragödien haben sie das Feld geräumt. Zwischen Kirchenkatze und Kirchenmaus gab es keine Gesprächsebene. (Womit wieder einmal erwiesen ist, wie schwer man polarisierte Extremgruppierungen in der Kirche unter ein Dach bringen kann.)

Während die Kirchenkatze sich nach oben mit leisem Miauen, schmeichelndem Herumstreichen, zärtlichem Anlehnungsbedürfnis und anderen gewinnenden, loyalitätsbetonten Verhaltensweisen höchst vorteilhaft darzustellen bemühte, hat sie sich nach unten mit scharfen Krallen beinhart durchgesetzt. Opfer dieses im menschlichen Bereich gar nicht so seltenen Sozialverhaltens waren die Mäuse, denen es nie gelang, zur Kirchenleitung ein derartiges Vertrauensverhältnis herzustellen.

Seitdem es auf dem Jagdsektor nicht mehr viel zu tun gibt – gelegentlich herumschwirrende Fliegen sind nur belangloses Niederwild –, nimmt sie ihre Aufgabe als Privatsekretärin intensiver wahr. Sie liegt mit Vorliebe unter der Schreibtischlampe und kontrolliert von dort mit weisen Blicken meine Predigtvorbereitungen, Briefe, Korrespondenzen mit Organisationen und In-

stitutionen und den ganzen täglichen Papier-
kram. Und wenn ich mich manchmal lustlos
durch ermüdende Vorlagen quäle, die nicht gerade mein innerstes Anliegen betreffen, und ihr
dabei den Hals kraule, scheint sie mir mit ihren
hintergründig-großen Augen zu sagen: „Es ist
beides für die Katz', das Lesen und das Krau-
len – aber vom zweiten hab ich mehr …" Es ist
außerordentlich entspannend, wenn jemand un-
mittelbar neben den Akten schnurrt.

Meine Privatsekretärin ist übrigens optisch at-
traktiv. Ihr geflammtes Tigerfell in Schwarz,
Grau und Weiß hat eine betörende Eleganz. Vor
allem hat sie aber in ihrem Wesen etwas sehr Be-
ruhigendes. Wenn sie so mit ihrer fast hypnoti-
sierenden Gelassenheit dasitzt, erinnert sie mich
an jene altägyptische Katze aus grünem Serpen-
tin, die ich einmal in einem großen Museum be-
wundert habe. Beide Katzen – die archaische aus
Stein und die lebendige neben mir – haben etwas
Zeitlos-Unergründliches.

Wenn die Neugierde, wie man sagt, ein Maßstab
für Intelligenz ist, liegt meine Katze ganz hoch
in den Punkten. Jede Tasche, jeder Koffer, jeder
Aktenstapel, jede offene Schublade und Kasten-

tür wird inspiziert. Für ihre Allgemeinbildung spricht ihre außerordentliche Vorliebe für die Bibliothek. Wo immer Schiebetüren offenbleiben, zwängt sie sich ins betreffende Wissensgebiet. Ich habe sie schon aus den deutschen Klassikern, der Lyrik des 20. Jahrhunderts, den Kirchenvätern und der Moraltheologie herausgeholt. Neulich lag sie nachmittags auf den Theologischen Schriften von Karl Rahner. Sie hat sie allerdings nur beschnuppert – aber bitte, mehr haben einige seiner lautesten Kritiker in jüngster Zeit auch nicht getan … Jedenfalls orte ich bei ihr ein so weitgespanntes Interesse, dass ich sie dem Katholischen Bildungswerk zur Mitarbeit empfehlen könnte.

Aber vorläufig gebe ich sie nicht her. Bei meinem doch oft belastenden Arbeitspensum demonstriert sie die notwendige Entspannung derart überzeugend, als wäre sie eine perfekte Psychotherapeutin. Ein besonderes Raffinement entwickelt sie bei der Wahl von kontemplativen Ruheplätzen. Das reicht vom frischen Wäschestapel über das Rund des Adventkranzes bis zu der für das Pontifikalamt bereitgelegten Mitra. Hier musste sie allerdings zur Kenntnis nehmen, dass sie bei der Wahl von Siestaplätzen gewisse Grenzen einzuhalten hat. Aber wenn man's genau nimmt – ist nicht eine auf einem barocken Würde-Wunderwerk der Stickkunst schnurrende Katze auch einer jener kleinen relativierenden Witze in den Prunkräumen der Erhabenheit, die uns augenzwinkernd auf den Boden der Realität herunterholen?

Das ist eben eine ihrer wesentlichen Sekretärinnenfunktionen. Sie ist ein lebendiges Korrektiv. Sie beantwortet Hast mit Gelassenheit, Aufregung mit völligem Entspanntsein, hochgehende Emotionen mit weiser Zurückhaltung, Ungeduld mit langmütigem Warten, unwirsches Verhalten mit diplomatisch-gewinnenden Formen. Mit diesen Eigenschaften wäre sie ja vielen Würdenträgern und Kirchenmanagern zu empfehlen.

Allerdings muss ich auf eines aufmerksam machen: Sie ist grundsätzlich antiautoritär. Sie lehnt alle Zwangsmaßnahmen ab und beweist Anhänglichkeit nur auf dem Boden respektierter Freiheit. Aber es könnte ja sein, dass sie auch in dieser Hinsicht ein gewisses Korrektiv als Bischofssekretärin einzubringen hat.

Jedenfalls ist mir meine Privatsekretärin Mausi unentbehrlich geworden. Ich habe keine Katze – sie hat mich.

REINHOLD STECHER

Die Abenteuer des Geistes – Buchhändler und Verleger

Dem Buchhändler
gefallen keine Bücher,
die bei ihm bleiben.

JEAN PAUL

Stadt, Buch und Läden

Ich schreibe so selten über Bücher oder Städte, durch die ich spaziere und die mich einladen zu bleiben. Bücher bedeuten für mich Städte, Städte Bücher, leere und lebensreiche. Und da das Buch mir eine ganze Stadt entfalten kann, mit Straßen und Läden und Menschen, die vor ihrem Schaufenster stehenbleiben, genügt mir schon das Buchhändlerlexikon mit der Anzeige neuerschienener Bücher. Genau wie die Stadt veranlasst oft das Buch noch zu bleiben, alle seine mannigfachen Seiten zu durchstreifen. Nicht der Handel allein lockt den Menschen in die Großstadt oder gar die vielerlei Vergnügungen, aber der mächtige Atemschlag, die gewaltige Bewegungsmöglichkeit, der Austausch des spannenden Gaukelspiels seiner pulsierenden Gedanken und Gefühle. Wie jede Stadt einem Gulliver ein Riesenspielzimmer bedeutet, enthält selbst das wissenschaftlichste Buch seines Autors Spielsachen. Er stellt gedruckte Schau aus. Doch nicht bei jedem Buche trifft es zu, dass es sich um des Schreibers erwachsene, gereifte Spielsachen

handelt, oft leider nur um übertünchte, zurückge-
bliebene. Darum begeistern sich gerade die bedeu-
tenden Dichter an der noch ungefälschten, schlich-
ten Kindlichkeit des Volksliedes. Heiliger Präsente
Herzschau. Ein Zwischending der Stadt und dem
Buch ist der Laden. Im Grunde ist jeder Laden ein
Spielzimmer. Sein Schaufenster, das große Guck-
loch, sein spielerisch dekoriertes Willkommen. Nie
hört, solange wir leben, das Spiel der Gedanken
und der Gefühle auf, und die blutrote Spielkam-
mer des Herzens barg wohl das allererste Spiel.
Und schon der Mitteilende – legt aus, ausbreitet
seine Habseligkeiten. In einem Buche allerdings
befleißigt sich der Niederschreibende, methodisch
die Dinge und Undinge nebeneinander zu verei-
nen. Steht auch kein Preis auf jedem seiner Worte, so fordert er für seine Hingabe – Verständnis.
Er legt seine Produktion, manchmal aber auch die
aus fremder Bezugsquelle, im Buchhändlerdeutsch
angezeigt, auf den Spielplatz des Marktes. Ja, die
Spielsachen sind wohl die Hauptsachen der Welt,
die fassbaren und die unberührbaren. Die Honora-
re sind es nicht, die man meist nicht einmal erhält.
Die Flut des Talentes ist es, die die Muscheln und
Korallen über den Rand unserer Lippen schleu-

dert. Der angestellte Vermittler der Spielläden unserer Spielsachen ist der Verleger – – – bei uns klingelt es nur. Für mich bedeutete schon als Kind jedes Buch, ob es von Max und Moritz oder vom Struwelpeter handelte, einen Spielraum, wie jeder Laden unserer Stadt. Und trotzdem ich nun so wenig Zeit habe, überall bleib ich vor dem Schaufenster stehen, mir die vielen Dinge anzusehen. Selten möchte ich dieses oder jenes mir erstehen, denn – ich habe es ja, habe ich es angesehen. Und wie man gerne ab und zu einen Schmöker liest, so liebe ich auch, die anspruchslosesten Ladenfenster primitiver Läden klirrend umblättern. Wie amüsant sind doch die Seifenfilialen, Wasservogel, ein Schwarm davon in jedem Viertel:

Rosen, Nelkenseifen, weiß und lila Flieder
Liegen waschgerecht in sauberen Schachteln
   immer wieder
Zwischen Kitschodeuren und Lavendel
Pflegt man zu verpacken allerhändl
Für den Schauenden zum Zeitvertreib.
In den Tagen unserer Osterzeit,
Schäumen Osterhasen gar nicht teuer.

Besen, Scheuertücher, „Liebgeruch" für Tante
  Meier,
Pinsel mit und ohne Stiel
Und zur Seite ihnen Lux und auch Persil,
Soda, Wichse, beinah viel zu viel.
Nippes sind mir all die primitiven Dinge –
Ich wand're weiter und ich singe:

„Es gibt ja so viel Läden, was brauch' ich einen Bücherschrank!" Zerstreuung bietet mir der Straßen
mannigfaches Leben. Obendrein ich eine Spiellust
geerbt hab' sonndergleichen; wahrscheinlich nur
meinem Vater zum Vorwand geboren bin, noch in
seinen weißen Jahren die Spielware der Läden, mich
vorschiebend, unauffällig betrachten zu können.
Dass er sich Kreisel, Murmeln, blecherne Enten,
die watscheln konnten und schnattern, zur Mor-
genimbissfreude kaufte, aber ebenso in den Wein-
handlungen die Flaschen und kleinen Fässchen
Mosel, seine beschwipsten Kasperlefiguren jauch-
zend tanzen ließ, daran waren die fröhlich Zechen-
den schon gewöhnt. Könnte man wie Bücher die
Läden auf Regalen ordnen oder irgendwo auf
Marmor legen, so würde man, wie bei Büchern,
von Romanläden und Gedichtläden, wertvollen

und tiefen Läden, Schmöker- und Hintertreppenlä-
den sprechen und sie so unterscheiden. Gestern, es
war am Sonntag, bekam ich einen lyrischen Laden,
einen Erstklassiker, in mein Haus gesandt, zwischen silberrauschenden Bucheinbänden: 100 Jahre Gebrüder Friedländer. Der Senior des kostbar
verbrämten Spielladens Unter den Linden grub
einst selbst das Material zu den edlen Spielsachen
– in Australien.

ELSE LASKER-SCHÜLER

Bücher und Karotten

Vor einem kleinen Buchladen am Berliner Kür-
fürstendamm steht, von den Passanten wenig
beachtet, seit einigen Wochen ein winziges
Tischchen, auf dem ein paar Zeitschriften aus-
gelegt sind. Wenn ich die Intentionen des Sortimenters richtig verstehe, so will er in Berlin
den ersten schüchternen Versuch machen, das
so genannte breitere Publikum mit der Literatur vertrauter werden zu lassen, als es bis jetzt
gewesen zu sein scheint, die literarische Ware
in eine anziehende, lockende, populäre zu ver-
wandeln, ja in eine notwendige vielleicht, wie es
heute in Deutschland etwa die Karotte und die
Kartoffel ist, die frei vor den Gemüseläden liegen
und ein prüfendes Zugreifen erlauben.
Zwischen den Passanten und dem Tischchen vor
dem Buchladen befindet sich einer jener Zäune, die
in Berlin die kleinen Vorgärten voll von üppiger
Kiesvegetation und saftig strotzenden Gipsfiguren
umgeben. Das Tischchen des Buchladens steht eben
in einem Vorgarten, in den einzutreten schon einen
gewissen Entschluss erfordert, weil es der Natur

der Vorgärten entspricht, Privateigentum zu sein und bissige Hunde zu enthalten, und keineswegs deutsche Literatur (die ja unter Umständen auch abschreckend genug sein kann). Der Betrachter des literarischen Tischchens muss sich nun in Acht nehmen, dessen merkwürdige Situation nicht als eine symbolische aufzufassen. Man muss wissen, dass die Vorgärten am Kurfürstendamm ursprünglich keineswegs den Zweck hatten, die Literatur vom Publikum abzusperren, sondern der Straße einen Ausdruck von Vornehmheit zu verleihen. Aber der Geschmack wandelt sich; Vorgärten sind nicht mehr so vornehm, sie bleiben nur immerhin, sind kaum umzubringen, überleben sich selbst, machen Kompromisse mit dem Kommerz, der in ihnen heimisch wird, und versuchen gelegentlich, der Reklame zu dienen. Andere Städte sind glücklicher. Sie haben keinen Kurfürstendamm, weniger Vorgärten und größere Tische für literarische Produktion. Und obwohl ein unmittelbarer Zusammenhang zwischen dem Mangel an Gittern und Gärten und dem größeren literarischen Interesse nicht nachzuweisen ist und obwohl ich nicht behaupten will, dass bei uns etwa der Überfluss an Gips und Botanik das öffentliche Interesse für Literatur mindert, scheint dennoch jenes kleine Tischchen mit Literatur mit einer geradezu ironischen Zudringlichkeit ebenso charakteristisch für unsere literarischen Zustände werden zu wollen, wie die großen literarischen Tische für andere Städte charakteristisch sind. Andere peinliche Begleitumstände machen sich bemerkbar: Es ist Winter, und die in Berlin so beliebten Zeitströmungen, nämlich die Kälte und das Tempo, hindern den Passanten an einem interessierten Verweilen vor der ausgelegten Literatur. Das einsame Tischchen, der kahle Vorgarten, der allzu häufige Nordwind und die Fußgänger, die ins Kino und in die Likörstuben eilen: Es ist wahrhaftig schwer, hier keine symbolischen Zustände zu sehen. Die paar Zeitschriften und Bücher erinnern an zerbrechliche Nippessachen. Es ist alles so peinlich, delikat und sauber. Wenn dann und wann einer an den Tisch tritt und mit zagen Fingerspitzen in den Zeitschriften blättert, legt er sie nach einigen Sekunden wieder sorgsam haargenau auf den Platz, wo sie gelegen haben, als er ankam.

Man missverstehe mich nicht: Ich übe keine abfällige Kritik an den nachahmenswerten Intentionen des Sortimenters. Ich will nur versuchen, an einem Beispiel zu zeigen, wie schwierig es ist, Literatur populär zu machen. Lauter Zufälle, aber charakteristische Zufälle: kleine Tische, großes Tempo, Winterkälte, Vorgärten, Gitter, viele Kinos und Likörstuben. Es ist ja auch sonst nicht leicht, ein deutsches Buch von einer Nippessache zu unterscheiden. Der Einband knarrt, der Umschlag reißt, die Bauchbinde rutscht, Papier und Druck sind so unwahrscheinlich gediegen, dass man sich die Hände waschen muss, ehe man sie berührt – und es ist nun schon einmal so in der Welt, dass man sich nicht gerne wäscht, wenn man gerade literarische Interessen hat. Ich hatte vor einigen Wochen das Vergnügen, die französische Ausgabe eines meiner Bücher zu erhalten. Ja, ich erkannte es wieder. Es war geheftet, ein bisschen schmutzig, leicht in die Tasche zu stecken, es sah meinem ersten Manuskript so verwandt ähnlich, ich erkannte es wieder, es war heimisch in meiner Hand und in meiner Tasche; es war der anspruchslose (wenn auch ehrliche) literarische Versuch, ein Symptom dieser Zeit und dieser Welt zu geben, mit der heimlichen, verschwiegenen, stummen Absicht, eine andere Zeit, eine andere Welt über seinen Wert urteilen zu lassen – wenn es das

Glück haben sollte, am Leben zu bleiben. Das französische Buch war vergänglich, vergänglich wie ich selbst, wie mein handgeschriebenes Manuskript – und dennoch nicht anders als die Bücher der ganz Großen, denen gegenüber ich höchstwahrscheinlich ein ganz Kleiner bin. Hielt ich nun der französischen Übersetzung mein deutsches Original entgegen, so erhob dieses, schon seiner Einbandzeichnung wegen, den arroganten Anspruch auf Bibliotheken, auf Saecula Saeculorum, und errötend kam ich mir vor wie ein Konkurrent des Verfassers der Heiligen Schrift. Homer selbst hätte sich in meiner Situation fürchterlich geschämt.

Ich habe selbst Angst vor meinen gedruckten Büchern. Nun, das wäre bei meiner arroganten Bescheidenheit noch kein Beweis. Aber selbst vor den billigen „Volksausgaben", die jetzt so beliebt werden, habe ich Angst. Sie sind billig, aber gediegen, als wären sie teuer. Und die Verleger sind stolz darauf, dass sie Gediegenheit zu billigen Preisen liefern können.

Es ist ein Geheimnis, ich werde es euch verraten: Die Verleger können gar nicht anders, als gediegene Sachen zu liefern. Teuer oder billig, sie sind immer gediegen. Immer sind es Nippes-sachen (zerbrechlich, trotz ihrer „Gediegen-heit", solide in ihrer Fragilität), immer ist es ein kleines Tischchen, immer ist es Winter, immer ist es ein Vorgarten, ein Gitter, kalt, Tempo und Kurfürstendamm. Niemals werden wir Bücher so nötig haben wie Karotten. Vielleicht ist es so in der Ordnung. Karotten sind gesünder.

JOSEPH ROTH

Beurteilen

Georg Christoph Lichtenberg (1742-1799), Physiker und satirischer Schriftsteller, redigierte den „Göttinger Taschenkalender" mit seiner Vielzahl von Kritiken neuerer Literatur. Er resümierte: „Unter die größten Entdeckungen, auf die der menschliche Verstand in unserer Zeit gefallen ist, gehört die Kunst, Bücher zu beurteilen, ohne sie zuvor zu lesen."

Gehen

Der berühmte Verleger Brockhaus schickte zu Weihnachten seinem Autor Arthur Schopenhauer eine Uhr. Der Philosoph bedankte sich und beschwerte sich gleichzeitig: „Die Uhr geht aber nicht." Brockhaus antwortete ihm: „Genau wie Ihr letztes Buch. Es geht auch nicht."

Der deutsche Buchhändler

Als vor einiger Zeit Ferdinand Avenarius versuchte, durch Einführung eines Dürerbund-Stempels Bücher erster und zweiter Klasse zu schaffen, wehrten sich die deutschen Buchhändler empört dagegen. Sie wollten nicht bevormundet sein. Sie wollten allein dem Käufer empfehlen und raten. Überhaupt seien sie es, denen die Kulturförderung obliege.

Sie liegt ihnen ob. Erfüllen sie ihre Obliegenheit? Nein. Es klafft der Zwiespalt, Geld verdienen zu müssen und Kultur fördern zu wollen. Das Geldverdienen erschweren sie sich – das ist ihre Sache; die Kultur auf dem Büchermarkt wird durchaus nicht gefördert – das ist unsre Sache.

Was liegt denn hier vor? Doch wohl ein Geschäft, eine kapitalistische Institution, ein Gewerbe. Das Buch ist Ware. Gegen diesen Satz sträuben sie sich alle noch immer. Das Buch ist Ware, und wer sie verkauft, muss warenkundig sein, so wie der Rayonchef der Strumpf-Abteilung des ganz unpersönlichen Warenhauses viel von Strümpfen wissen muss. Das Buch ist Ware: Ein Geisteswerk ist weder broschiert noch gebunden für sieben Mark zu haben. Aber eine gewisse mittelalterliche apothekerhafte Schwerfälligkeit hat bis jetzt zu verhindern vermocht, dass alle die Einrichtungen eines modernen Kaufmannsbetriebes die Arbeit der Buchhändler erleichtern; ihre Abrechnungen sind kompliziert, unerhört verwickelt, und nicht einmal die Prozentberechnung ist überall durchgeführt. Der Verleger liefert dem Sortiment sechs Exemplare gegen Bezahlung und ein siebentes umsonst; das nennt man: 7/6, und da daneben die Prozentrechnung herläuft, so kann man sich einen Begriff machen, wie schwierig Gewinne auszukalkulieren sind. Die Buchhändlerkonten sind eine Kabbala, die jährliche Abrechnung eine sakrale Feierlichkeit, die nur erfahrene und würdige Greise nach den Regeln des Ritus zu verrichten vermögen. Ganz große Betriebe haben sich von diesen alten Gebräuchen losgemacht und arbeiten nach vernünftigen, rein kaufmännischen Prinzipien, unterscheiden sich in der Buchführung durch nichts von ihrem Nachbargeschäft, das mit Gasstrümpfen oder Papierkörben handelt. Und so soll es sein. Das Buch ist eine Ware.

Das sind Interna, aber ihr bekommt sie genugsam zu fühlen. So wie hinter den Kulissen die rege Betriebsamkeit fehlt, die das neue Gute erfasst, wo sie es erwischen kann, so arbeitet vorn im Laden die Schläfrigkeit ungeschickter Sortimenter. Bevor ich fortfahre, möchte ich mich salvieren: Es geht nicht gegen die einzelnen Buchhändler, die ehrenhaft und in bestem Glauben handeln – es geht gegen einen gewissermaßen sektiererischen Zug, der nicht in ihrem, nicht in unserm Interesse liegen kann. Sie wehren sich mit Händen und Füßen: Sie sind doch stehen geblieben. Hört! Ich brauche einen Zylinderhut. Ich gehe also in das Hutgeschäft, äußere dem Verkäufer meinen Wunsch, und er legt mir Zylinderhüte vor. Nun wird er mir genau sagen können, wie sich dieser trägt und jener, welche Nachteile dieser hat und welche Vorteile der andre. Wenn er ein guter Verkäufer ist, wird er mir sogar einen kleinen Rat geben können, ob mich der hohe besser kleidet oder der niedrige. Den Preis wird er auch wissen, denn der steht ja im Hut vermerkt. Ich möchte mir eine Literaturgeschichte kaufen. Aber wehe mir Armem, der ich nun in die Buchhandlung gehe. Dort weiß man nur den Preis der zwei dicken Bücher, die man auf Lager hat und dreier andrer, die im Katalog verzeichnet stehen. Man weiß auch (aber das geht mich nichts an), wie alle fünf Werke rabattiert werden. Und man wird mir sogar freundlich den Namen des Verlegers und des Verlagsortes mitteilen. Aus. Kein Wort über den Wert, über die innere Art des Buches. „Dieses Werk wird sehr viel gekauft." Allenfalls dies noch oder ein paar allgemeine Redensarten.

Sollen also die Sortimenter alle Bücher lesen, die sie verkaufen? Alle gewiss nicht; aber sie sollen die Waren- und Fachkenntnis haben, in der ihnen jetzt jeder einigermaßen gebildete Literat über ist. Und wenn sie nicht jeder Verkäufer haben kann, weil dazu die Gehälter zu niedrig sind, so soll sie wenigstens einer im Laden haben, und es ist nicht einzusehen, warum man nicht die Fächer unter die Verkäufer teilt und so, wie man heute schon einen Antiquar im Laden hat, auch einen Spezialisten für Belletristik, einen für Jura und einen für Kunst beschäftigt. Sie können das nicht bezahlen? Sie können es allerdings nicht, wenn das Sortimentergeschäft so wenig Gewinn abwirft wie jetzt. Und warum tut es das?

Eben wieder aus diesen Gründen: Wir werden nicht angelockt, durch nichts gereizt. Unser zweifellos vorhandenes Bedürfnis nach Büchern wird nicht ausgenutzt. Man hat uns in den letzten Jahren sinn- und wahllos mit Büchern vollgestopft und wird uns vielleicht die Freude an schönen Büchern einmal stark vermindern. Aber man hat sich nie die Mühe gegeben, der jedes Spezialgeschäft andrer Gewerbe sich sorgfältig unterzieht: uns individuell und auf Grund einer großen Fachkenntnis mit dem bekannt zu machen, was der so reiche deutsche Büchermarkt jedem von uns zu bieten hat. Die deutschen Buchhändler sträuben sich – vielleicht mit Recht – gegen eine öffentliche Ausgabe ihres „Buchhändler-Börsenblattes" (bei der man ja die Nettopreise fortlassen könnte). Es ist kein gutes Zeichen, dass wir alle neugierig nach diesem offiziellen Anzeiger greifen, wo wir ihn zu fassen bekommen: Er zeigt uns stets zehn bis zwanzig interessante Neuheiten an, von denen uns niemand unterrichtet hat. Die Auslagen unsrer Sortimenter werden viel zu wenig ausgewechselt und enthalten ohne jede höhere Auswahl gut rabattierte Prachtwerke, das Sensationsbuch und Langweiliges durcheinander. In den Spezial-Buchhandlungen ist es schon besser: Die Juristen und Mediziner wollen sehr gut bedient sein und verlangen von ihrem Buchhändler eine genaue Beherrschung seines engeren Kreises, die wohl im

Allgemeinen vorzufinden ist. Die andern legen aus, was ihnen in die Hand kommt. Von einer systematischen Propagierung irgendwelcher Bücher – guter oder schlechter – ist nichts zu merken. Man hat sich erst in letzter Zeit dazu aufgeschwungen, den Kaufzwang in Buchhandlungen durch Einrichtung kleiner Lesezimmer aufzuheben, aber auch hier ist der Besucher meist auf sich selbst angewiesen und irrt ratlos im Labyrinth der Bücher.

Die deutschen Buchhändler dürfen sich in keiner Weise beklagen, dass Tausende und Tausende von Büchern, von wertvollen Büchern, einfach untergehen, denn sie wissen fast alle noch nicht einmal, an welches Publikum sie sich damit zu wenden haben, wie sie auf dieses Publikum einwirken müssen, was dieses Publikum eigentlich will. Aber die Autoren können jammern. Gewiss: Es gehört ein Unmaß von Arbeit, es gehören sehr fein ausgebildete Registraturen und Kartotheken und es gehört, vor allem, eine ganz genaue literarische Fachkenntnis dazu, zwischen Buch und Käufer zu vermitteln. Aber schließlich verlangen wir auch von jedem Schlosser, dass er sein Gewerbe kennt. Dieser langweilige und wenig erträgliche Zustand ist so weit gediehen, dass man, zum Beispiel, in der Buchabteilung eines großen Berliner Warenhauses besser und sachgemäßer bedient wird als in mancher Sortimentsbuchhandlung.

Das darf nicht so weitergehen. Wenn die Buchhändler wirklich sich berechtigt glauben, gegen jede Bevormundung eines Dritten Protest einzulegen, dann müssen sie selbst aus einem Winterschlaf erwachen, der sie schon lange gefangen hält und dem hoffentlich bald ein neuer Bücherfrühling folgen wird.

KURT TUCHOLSKY

Zigarren

Ein Redakteur muss sich oft durch einen Wust von unverlangten Manuskripten quälen.

Mark Twain, als Redakteur der Zeitung „Arizona Kickers", sollte ein Manuskript schmackhaft gemacht werden, indem der Autor ein Kistchen Zigarren beifügte.

Mark Twain bedankte sich: „Ihre Zigarren sind hervorragend, das Manuskript leider nicht. Bitte schicken Sie nur noch Zigarren."

Zweite Auflage

Das Buch von Lamotte-Levayer war praktisch unverkäuflich.

Der Verleger beschwerte sich beim Autor und wurde getröstet: „Nur keine Angst, ich habe genug Beziehungen, um das Buch verbieten zu lassen."

Nach dem Verbot war das Buch so gefragt, dass eine zweite Auflage gedruckt werden konnte.

Auch Lesen will gelernt sein – Rezensenten, Bibliophile und der geschätzte Leser

Erst durch das Lesen
lernt man,
wieviel man ungelesen
lassen kann.

WILHELM RAABE

Die unangetasteten Rechte des Lesers

1. Das Recht, nicht zu lesen.
2. Das Recht, Seiten zu überspringen.
3. Das Recht, ein Buch nicht zu Ende zu lesen.
4. Das Recht, noch einmal zu lesen.
5. Das Recht, irgendwas zu lesen.
6. Das Recht auf Bovarysmus,
   d. h. den Roman als Leben zu sehen.
7. Das Recht, überall zu lesen.
8. Das Recht, herumzuschmökern.
9. Das Recht, laut zu lesen.
10. Das Recht, zu schweigen.

DANIEL PENNAC

Fröhlicher machen
mit Zeitungen

Es müsste Zeitungen geben,
die immer das mitteilen,
was nicht ist:
Keine Cholera!
Kein Krieg!
Keine Revolution!
Keine Missernte!
Die tägliche Freude
über die Abwesenheit großer Übel
würde zweifellos die Menschen
fröhlicher machen.

CHRISTIAN MORGENSTERN

Wie man ein Buch bespricht,
ohne es zu lesen

Die Sache mit Tolaat Shani bedrückte mich schon seit Langem. Nein, das war wirklich nicht schön von mir: Vor einem halben Jahr hatte er mir sein neues Buch geschickt, das ich sofort auf den Schreibtisch oder sonst wohin gelegt hatte – und dort, wo immer es war, setzte es seither Spinnweben an.

Zu Beginn kam ich noch mit den üblichen Ausreden durch.

„Schon bekommen!", rief ich vorbeugend, wenn ich Tolaat Shani von Weitem sah. „Sobald ich ein paar freie Stunden habe, lese ich es!"

Und der vielversprechende junge Autor lächelte mir dankbar zu.

Als ich ihn nach ein paar Wochen unversehens beinahe über den Haufen rannte, ließ ich mich zu der Bemerkung hinreißen, dass ich bereits mitten in der Lektüre sei und dass wir nachher darüber sprechen müssten.

Vor ein paar Tagen, als ich mich um Kinokarten anstellte, fühlte ich mich plötzlich am Arm gepackt. Es war Tolaat Shani, und es gab kein Entrinnen.

„Haben Sie das Buch schon ausgelesen?", fragte er mich.

Ich nickte mehrmals und ernsthaft.

„Wir müssen uns ausführlich darüber unterhalten. Ich habe Ihnen eine ganze Menge zu sagen. Aber hier – in dieser Schlange – auf einem Bein …"

Ich hatte noch nicht zu Ende gesprochen, als an der Kasse das Schild „Ausverkauft" hochging. Mein Schicksal war besiegelt. Nur ein plötzlich herabstoßender Steinadler hätte mich retten können, und im Nahen Osten gibt es leider keine Steinadler. Hingegen gibt es sehr viele Kaffeehäuser, so viele, dass man in einem von ihnen mit größter Wahrscheinlichkeit einen Tisch für zwei Personen findet. Tolaat Shani, der meinen Arm noch immer nicht losgelassen hatte, fand einen Tisch für zwei Personen. Und jetzt saßen wir einander gegenüber.

„Also", sagte Tolaat Shani. „Sie wollen mit mir über mein Buch sprechen."

„Ja", sagte ich. „Ich bin froh, dass ich Sie endlich getroffen habe."

Irgendwie erinnerte mich die Situation an den dramatischen Höhepunkt mancher Wildwestfilme, wenn Sheriff und Schurke im Saloon der menschenleeren Hauptstraße zusammenstoßen und die endgültige Abrechnung sich nicht mehr aufhalten lässt. Auch die Straße schien plötzlich menschenleer. Ich kann mich nicht erinnern, sie jemals so entvölkert gesehen zu haben. Kein einziges bekanntes Gesicht wollte auftauchen.

Verzweifelt suchte ich mir das Buch ins Gedächtnis zu rufen, aber vor meinem geistigen Auge erschien immer nur die braune Packpapierhülle, die ich noch nicht entfernt hatte. Wenn ich wenigstens wüsste, um was für eine Art von Buch es sich handelte! War es ein Roman? Eine Sammlung von Kurzgeschichten? Von Gedichten? Ein Theaterstück? Ein Essayband?

Die bleierne Stille nahm mir den Atem. Ich musste etwas sagen.

„Etwas muss ich sagen", sagte ich. „Sie haben enorme Arbeit an dieses Buch gewendet."

„Drei Jahre", nickte Tolaat Shani. „Aber das Thema habe ich noch viel länger mit mir herumgetragen"

„Das spürt man sofort. Es ist ein reifes Werk."

Stille. Bleierne Stille. Mein Puls raste.

„Sagen Sie mir jetzt bitte Ihre Meinung", forderte mich der vielversprechende junge Autor mit vor Erwartung bebender Stimme auf.

„Ich bin sehr beeindruckt."

„Von allem, was drinsteht?"

Im letzten Augenblick entging ich der Falle. Tolaat Shani beobachtete mich scharf aus den Augenwinkeln. Hätte ich jetzt geantwortet: „Ja, von allem" – er hätte sofort gewusst, dass ich das Buch nicht gelesen habe.

„Ich will jetzt ganz offen sein", sagte ich. „Den Anfang finde ich nicht gerade überwältigend."

„Auch Sie?" Tolaat Shani seufzte resigniert. „Das hätte ich nicht gedacht. Ein erfahrener Schriftsteller wie Sie müsste doch wissen, dass jedes Buch eine Exposition braucht."

„Exposition, Schmexposition", gab ich ein wenig unbeherrscht zurück. „Die Frage ist, ob man von einem Buch sofort gefesselt wird oder nicht."

Tolaat Shani senkte den Kopf und sah so traurig drein, dass er mir leid tat. Aber warum schreibt er auch so langweilige Expositionen.

„Später kommt die Sache in Schwung", tröstete ich ihn. „Ihre Figuren sind sehr gut gezeichnet. Und die Geschichte hat Atmosphäre. Und Rhythmus."

„Sind Sie auch der Meinung, ich hätte die rein beschreibenden Teile des Buches um die Hälfte kürzen sollen?"

„Wenn Sie das getan hätten, wäre es ein Bestseller geworden."

„Möglich", sagte Tolaat Shani frostig. „Aber mir war es wichtiger, ganz genau zu erklären, warum Boris sich den Rebellen anschließt."

„Boris ist allerdings ein Charakter, den man nicht so bald vergessen wird", musste ich zugeben. „Man merkt, dass ihm Ihre ganze Liebe gilt."

Aus schreckgeweiteten Augen starrte Tolaat Shani mich an.

„Liebe? Ich liebe Boris? Dieses Schwein? Diesen Verbrecher? Ich halte ihn für die widerwärtigste Figur, die ich je geschaffen habe!"

„Das glauben Sie nur", wies ich ihn zurecht. „Lassen Sie sich von mir gesagt sein, dass Sie sich im innersten Kern Ihres geheimen Ichs mit ihm identifizieren."

Tolaat Shani erbleichte.

„Was Sie da sagen, trifft mich wie ein Keulenschlag", murmelte er tonlos. „Als ich das Buch zu schreiben begann, habe ich Boris gehasst, das weiß ich genau. Aber dann, als er in den Streit zwischen

Peter und dem Marine-Attaché verwickelt wird und trotzdem seiner Mutter nichts davon erzählt, dass er Abigail vergewaltigt hat … Sie erinnern sich doch?"

„Und ob ich mich erinnere! Er erzählte seiner Mutter nichts …"

„Richtig. Da fragte ich mich also: Ist dieser Boris, mit all seinen Verirrungen und Unzulänglichkeiten, nicht immer noch ein wertvollerer Mensch als der Zoologe?"

„Wir alle sind Menschen", bemerkte ich tolerant. „Manche sind so, manche sind anders, aber im Grunde sind wir alle gleich."

„Eben darauf wollte ich ja hinaus. Haarscharf."

Sollte ich das Buch am Ende doch gelesen haben? Sozusagen unterbewusst, ohne es zu merken? Ich muss dringend einen Spezialisten aufsuchen.

„Man versichert mir von vielen Seiten", sagte To-laat Shani zögernd, „dass dieses Buch, zumindest was die Handlung betrifft, mein bisher stärkstes ist. "

Ich sah nachdenklich zur Decke hinauf, als wollte ich die bisherige Produktion des vielversprechenden jungen Autors mit einem einzigen Blick umfassen. Dabei habe ich noch keine Zeile von ihm gelesen. Wozu auch? Wer ist dieser Tolaat Shani überhaupt? Warum schickt er mir seine Bücher? Es galt, die Dinge an ihren Platz zu rücken.

„Ich würde nicht direkt sagen, dass es Ihr stärkstes Buch ist. Aber es ist bestimmt Ihr spannungsreichstes. "

Tolaat Shani zuckte zusammen. Kein Zweifel, ich hatte ihn an seinem empfindlichsten Punkt erwischt. Tut mir leid. Oder soll ich vor Ehrfurcht zusammenknicken, wenn er seinen Dilettantismus ins Kraut schießen lässt?

„Ich wusste es. So wahr mir Gott helfe, ich wusste es." Die ganze Bitterkeit des Nichtskönners, der sich von einem überlegenen Geist durchschaut weiß, schwang in seiner Stimme mit. „Sie meinen das Abendessen in der Wohnung des Sturmtruppenkommandanten, nicht wahr. Ich hätte schwören können, dass Ihr Chauvinismus an dieser Szene Anstoß nehmen würde. Hätte ich vielleicht die ganzen Ereignisse in diesem von der Flucht heimgesuchten Gebirgstal in Saccharin verpacken sollen, damit sie sich angenehmer lesen? Wenn Sie – erinnern Sie sich –"

„Stottern Sie nicht", ermahnte ich ihn. „Meine Geduld hat Grenzen."

„Erinnern Sie sich an die Schilderung des nächtlichen Kamelwettrennens um den Harem des Scheichs? Das hat Ihnen doch gefallen, oder nicht?"

„Sogar sehr gut. Das war eine farbige Szene."

„Und dass Jekaterina die Tischlampe am Kopf des Richters zerschlägt – auch damit sind Sie einverstanden?"

„Unter Umständen."

„Dann können Sie unmöglich etwas gegen das Schicksal einzuwenden haben, das ich Meir-Kronstadt und seinesgleichen bereite!"

Heftiger Kopfschmerz befiel mich. Hoppla, mein Junge, dachte ich. Du kannst begeifern, wen du willst – aber Meir-Kronstadt lass mir ungeschoren! Der ganze Verlauf des Gesprächs widerstrebte mir. Viel zu vage und unsachlich war das alles. Jetzt ging es mit meiner Zurückhaltung zu Ende. „Hören Sie, Tolaat Shani! Ich an Ihrer Stelle wäre auf diese Sache mit Meir-Kronstadt nicht so stolz!"

„Ich bin aber stolz auf ihn!"

Das Blut schoss mir in den Kopf. Unglaublich! Der Kerl wagte mir zu widersprechen! „Kronstadt ist ein Schwindler", sagte ich scharf. „Was er tut, überzeugt keinen Menschen. Mehr als das: Er ist überflüssig. Sie könnten ihn ohne Schaden für das Buch vollkommen weglassen."

„Und wie, wenn ich fragen darf, soll ich dann den eigentlichen Konflikt vorbereiten?"

„Nun – wie? Was glauben Sie wohl?"

„Sie denken wahrscheinlich an den Zoologen."

„An wen denn sonst."

„Und Jekaterina?"

„Soll mit dem Richter durchgehen!"

„Im neunten Monat?"

„Nachher."

„Stellen Sie sich das nicht ein wenig zu einfach vor? Außerdem scheinen Sie zu vergessen, dass Jekaterina ein psychosomatisches Asthma hat!"

„Muss sie denn unbedingt Asthma haben? Gerade sie? Wenn schon jemand Asthma haben soll, dann Abigail."

„Lächerlich. Was soll das für einen Sinn haben?" Das war mir zuviel. Das darf man einem Fachmann wie mir nicht sagen. Seit dreißig Jahren lese ich so gut wie ununterbrochen Bücher – und dann kommt so ein Stümper und sagt „lächerlich".

„Sagten Sie ‚lächerlich', Sie Stümper? Und Ihr idiotisches Kamelwettrennen ist vielleicht nicht lächerlich? Was sage ich: lächerlich. Ekelhaft ist es! Ich hatte Mühe, nicht zu erbrechen!"

„Ausgezeichnet. Genau das lag in meiner Absicht. Ein Mensch, dem vor sich selber übel wird, lernt sich wenigstens kennen. Und ich meine *Sie*!"

Wir hatten uns auf das unabsehbar weite Feld persönlicher Beleidigungen begeben.

Tolaat Shani war gelb vor Ärger. Sein Atem keuchte.

„Ich werde Ihnen sagen, was Ihnen an meinem Buch missfällt", gurgelte er. „Dass ich gewagt habe, auf banale Lösungen zu verzichten! Dass ich Boris nicht in der Überschwemmung zugrunde gehen lasse! Stimmt's?"

Boris! Der hat mir gerade noch gefehlt.

„Scheren Sie sich zum Teufel mit Ihrem Boris!", schnarrte ich. „Sie sind diesem Lumpen ja geradezu verfallen! Und wenn Sie es wissen wollen: Seine Liebesaffäre mit Abigail ist ganz und gar unwesentlich!"

„Unwesentlich", stöhnte der vielversprechende junge Autor. „Zu irgendjemandem muss sie doch gehören!"

„Aber doch nicht zu Boris! Gibt es denn keinen anderen?"

„Wen?" Tolaat Shani sprang mich an, packte mich am Rockaufschlag und schüttelte mich. „Wen?"

„Meinetwegen den Zoologen – wie heißt er gleich – Kronstadt!"

„Kronstadt ist kein Zoologe."

„Er *ist* ein Zoologe! Und wenn nicht Kronstadt, dann der Sturmtruppenkommandant."

„Kronstadt ist der Sturmtruppenkommandant!"

„Da haben Sie's! Von mir aus kann er sein, was er will! Und von mir aus kann es jeder sein, nur Boris nicht! Sogar der Marine-Attaché wäre logischer! Peter! Oder Birnbaum!"

„Wer ist Birnbaum!"

„Er ist nicht schlechter als Kronstadt, das garantiere ich Ihnen! Sie glauben offenbar, dass es schon genügt, Papier zu bekritzeln, damit ein Buch daraus wird. Hüten Sie sich! Wie steht's mit der Handlung, Sie Stümper? Mit den Charakteren? Mit den inneren Konflikten? Mit der Tiefe?" Jetzt war ich es, der ihn würgte. „Auf die Tiefe kommt es an – nicht auf Bla-bla und Abrakadabra wie bei Ihnen! Boris! Boris! Das soll ein Buch sein? Für wen? Für das Publikum gewiss nicht! Kein Mensch liest so ein Buch! Auch ich habe es nicht gelesen!"

„Sie haben es nicht gelesen?"

„Nein. Und ich denke auch gar nicht daran, es zu tun!"

Damit ließ ich ihn sitzen und ging schnurstracks
in die Apotheke gegenüber. Nicht im Traum hätte
ich gedacht, dass ich wegen eines solchen Gauners
wie Boris Beruhigungsmittel schlucken würde.

EPHRAIM KISHON

Aus Götz von Berlichingen

Du hast im Leben jede Zier,
Die Helden ehrt, errungen,
Doch ist der Taten höchste dir
Im Tode erst gelungen:
Du hast den größten Dichtergeist
Des deutschen Volks entzündet,
Und wo man Goethes Namen preist,
Wird deiner auch verkündet.

FRIEDRICH HEBBEL

Der Leser

Es war die höchste Ehre, die mir je erwiesen wurde, als mir ein Leser verlegen gestand, er könne meine Sachen erst bei der zweiten Lesung verstehen. Er zögerte, es mir zu sagen, er wollte nicht recht mit seiner Sprache heraus. Das war ein Kenner und wusste es nicht.

Das Lob meines Stils lässt mich gleichgültig, aber die Vorwürfe, die man gegen ihn erhebt, werden mich bald übermütig machen. Ich hatte wirklich lange genug gefürchtet, man würde schon bei der ersten Lektüre ein Vergnügen an meinen Schriften haben. Wie?

KARL KRAUS

Der Ratgeber

e.o.plauen

Ein Buch geht um die Welt

DIE SEELE, DIE WOHLTUT, WIRD REICHLICH GESÄTTIGT;
WER ANDRE ERQUICKT, WIRD SELBER ERQUICKT.

Sprüche 11,25

Es gibt christlich orientierte Bücher, die haben einen Nachteil und einen Vorteil. Ihr Nachteil ist, dass man irgendwann ein neues Bücherregal kaufen muss, sollte man auf dem Standpunkt stehen, geschenkte Bücher auf jeden Fall zu behalten. Ihr Vorteil: Trennt man sich rechtzeitig von ihnen, solange sie noch wie neu aussehen, hat man zu jeder Gelegenheit ein passendes Geschenk zur Hand.

Solche Bücher kauft übrigens niemand für sich selbst, so wie man einen Krimi kauft, um einen langweiligen Abend zu überbrücken. Nein, man kauft sie, um sie zu verschenken. Oder sie werden einem geschenkt.

Der Aufbau dieser gewissen Bücher ist mehr oder weniger gleich: Links kann man einen Text von zehn, zwanzig, höchstens dreißig Worten lesen, rechts ein dazu passendes Foto oder Bild anschauen. Text und Bild sind eine Einheit, die meditativ zu verstehen ist. Der Titel des Buches gibt den nötigen Hinweis, in welcher inneren Verfassung wir das Buch zur Hand nehmen sollen. Lautet der Titel etwa: „Für wehmütige Stunden", werden wir das Buch nicht anschauen, wenn wir gerade überschäumend vor Glück sind.

„Für glückliche Stunden" bleibt im Regal, wenn unser Gefühlsbarometer ganz tief unten steht.

„Für hoffnungslose Stunden" ist unpassend bei optimistischer Gefühlslage, „Für hoffnungsfrohe Stunden" bei tiefstem Pessimismus.

„Trost im Alter" ist nicht für Jugendliche bestimmt und „Zuversicht für junge Menschen" nicht für Senioren.

Es gibt unzählige Titel für alle nur möglichen Stunden und Abschnitte unseres Lebens. Gemeinsam wollen wir den Weg eines einzigen Buches verfolgen.

„Für trübe Stunden", so unser Beispiel, wurde von Erika S. gekauft Wegen der hervorragenden Fotografien war es nicht gerade billig. Erika wollte es ihrer Freundin Alice schenken, die gerade das Scheitern ihrer Ehe zu verarbeiten hatte.

Der Verkäufer verpackte das Werk in dezentes Geschenkpapier. Erika trug es zu Alice und übergab es ihr mit ein paar mitfühlenden Worten. Alice schlug die erste Seite auf. Zwölf Worte links fassten zusammen, wie es im menschlichen Herzen aussieht, wenn es Herbst wird. Rechts konnte man das Foto eines Baumes betrachten, der seine kahlen Äste in die Luft streckte. Fünf Blätter besaß der Baum noch. Alice zählte sie sorgfältig.

Die nächste Seite versprach mit zwölf Worten, dass es immer und zu jeder Zeit Hoffnung gäbe. Das Foto rechts zeigte eine Seerose, auf deren rosa Blüte ein Tautropfen glänzte. Der Tautropfen konnte natürlich auch ein Regentropfen sein.

Jetzt schlug Alice wahllos eine Seite auf. Der Sonnenuntergang war gut fotografiert, wirkte aber ein wenig kitschig. Die dazugehörigen Worte schenkte sich Alice und legte das Buch beiseite.

„Sehr eindrucksvoll", murmelte sie und las den Krimi, den sie gestern gekauft hatte.

Zwei Tage später hatte Alices Tante Hedwig Geburtstag.

„Als Witwe hat man sicher so manche trübe Stunde", dachte Alice und packte „Für trübe Stunden" in Geschenkpapier.

Tante Hedwig packte das Buch aus, bedankte sich und schlug zufällig eine Seite auf. Rechts war ein geheimnisvoller See zu sehen, sehr hübsch; links der Text informierte mittels dreizehn Worten, dass wahrer Glaube tief sei und jede Trauer besiegen werde.

„Wie wahr!", befand Tante Hedwig und legte das Buch zu den anderen Geschenken. Morgen wollte sie einen Besuch bei ihrer kranken Freundin Gertraude im Krankenhaus machen. Im Krankenhaus gab es immer wieder trübe Stunden, man hatte genügend Zeit, um Text und Bild auf sich wirken zu lassen. Geld für Blumen hatte Hedwig auf diese Weise gespart.

Gertraude bedankte sich herzlich. So viel Geld hätte Hedwig aber nicht für sie ausgeben sollen. Dass Gertraude häufig mit ihrer Bettnachbarin lachte und scherzte, hatte Hedwig nicht wissen können. Trübe Stunden kannte Gertraude nicht.

Also beschloss sie, wieder zu Hause, das Buch ihrem Nachbarn Ottokar zu schenken, der vor einem halben Jahr seine Frau verloren hatte. Überrascht nahm Ottokar „Für trübe Stunden" in Empfang. Dass er mit christlichen Büchern nicht viel anzufangen wusste, schien seine Nach-

barin nicht zu ahnen. Er las zwei der kurzen Texte, ärgerte sich über diese Schwundstufe christlichen Glaubens und überlegte, ob er das Buch in
die Mülltonne werfen sollte.

In diesem Moment kam ein Anruf seines Nef-
fen Erik, der ihn am Sonntag zum Mittagessen
einladen wollte.

Erik, das wusste Ottokar, kannte den Pfarrer
ganz gut, war daher also irgendwie christlich
orientiert und würde folglich auch Spaß an so
einem Buch haben. Statt der sonst bei ähnlichen
Einladungen üblichen Flasche Wein überreich-
te er daher Erik das in Geschenkpapier einge-
wickelte Buch.

„Trübe Stunden wirst auch du einmal haben",
sagte er salbungsvoll.

Erik überlegte, ob Onkel Ottokar auf seine alten Tage noch fromm geworden war. Da er keine
trüben Stunden kannte, legte er das Buch beiseite, um es Pfarrer Rudel zum Geburtstag zu
schenken. Vielleicht konnte der es im Altenkreis
sinnvoll einsetzen. Alte Menschen hatten doch
häufig irgendwelche trüben Stunden, und Pfarrer Rudel suchte immer nach kleinen Texten, die
er vorlesen konnte.

Pfarrer Rudel wusste am Abend, als er die Geschenke auspackte, nicht mehr genau, wer ihm „Für trübe Stunden" geschenkt hatte. Sorgsam stellte er das Buch in den Bücherschrank, wo es einen Tag später seine Frau fand. Es war Sonntag, alle Geschäfte waren geschlossen, und sie musste dem Ehepaar Ellermann zur Silbernen Hochzeit gratulieren. Für ein passendes Geschenk hatte sie leider nicht gesorgt.

„Trübe Stunden", sagte sie dem Silberpaar nach ihren Glückwünschen, „trübe Stunden wird es immer wieder im Leben geben."

Ellermanns nickten, legten das Buch auf den Gabentisch und reichten der Frau Pfarrer ein Glas Sekt.

Eine Woche später verpackte Frau Ellermann das Buch und gab es ihrer Mutter, die es einer alten Dame zum fünften Todestag ihres Ehemanns schenken wollte.

Die alte Dame verschenkte es an eine andere alte Dame, deren Ehemann nun schon acht Jahre tot war. Diese alte Dame schenkte es ihrer Tochter zu Weihnachten, weil deren Ehemann ein Ekel war. Die Tochter nun war die Freundin von Erika S. und schenkte es ihr an dem

Tag, als Erika die ersten grauen Haare bemerkte. Alice, wusste Erika, trauerte gerade um ihren Hund, der an Altersschwäche gestorben war. Also brachte sie ihr „Für trübe Stunden", hübsch verpackt.

Alice blätterte in dem Buch. Der Baum mit den fünf Blättern kam ihr bekannt vor, ebenfalls die betaute bzw. vom Regen feuchte Seerose.

Wo sie beides schon gesehen hatte, fiel ihr jedoch nicht ein, und sie dachte auch nicht weiter darüber nach. Vielleicht sollte sie das Buch …

Wir ahnen schon: „Für trübe Stunden" blieb nicht in Alices Besitz. Es wechselte noch viele Male den Besitzer, machte noch viele Male dem Beschenkten doppelte Freude. Denn zum einen freut man sich doch immer, wenn jemand mit viel Einfühlungsvermögen ein Geschenk für einen ausgesucht hat.

Und zum anderen freut man sich, weil man viel Geld spart, hat man so ein Buch als Geschenk für einen anderen im Haus.

Irgendwann einmal, das liegt an der Vergänglichkeit der Dinge, reißt eine solche allgemeine Freudenkette natürlich ab.

So goss Edelgard Sohn aus Versehen Gulaschsuppe auf die trüben Stunden.

„Musst du das Buch ausgerechnet beim Mittagessen lesen?", fragte Edelgard vorwurfsvoll. „Ich hätte es gut Tante Magde schenken können. Sie hat mich zum Kaffee eingeladen und klagt doch immer über ihre Einsamkeit. Einsame Stunden sind trübe Stunden, also hätte sie das Buch gutgebrauchen können. Was schenke ich ihr nun?"

„Blumen", schlug der Sohn vor.

„Blumen sind teuer", widersprach die Mutter. „Außerdem bringe ich ihr dauernd Blumen mit. Nein, dieses Buch wäre genau das richtige für sie gewesen."

„Dann kauf ein neues Buch", sagte der Sohn.

„Das genau werde ich tun." Edelgard stand entschlossen auf und eilte in die Buchhandlung.

„Für trübe Stunden" fand sie nicht. Dafür hatte sie die Wahl zwischen „Trost in dunklen Stunden", „Hoffnung in leidvollen Stunden", „schmerzliche Stunden" und und und …

Sie entschloss sich für „Kraft in einsamen Stunden" und blätterte noch in der Buchhandlung in dem nicht ganz billigen Buch herum. Rechts die Rose war ganz hübsch. Ein Tau- oder Regentropfen glänzte auf einem der rosa Blütenblätter. Vierzehn Worte links verhießen Hoffnung auch für die schwersten Schicksalsschläge.

Tante Magde nahm am nächsten Tag das Buch dankend von Edelgard entgegen. Ob es den gleichen Weg zurücklegte wie „Für trübe Stunden"? Ob es ebenso oft doppelte Freude bereitete? Wir wissen es nicht, wir können es nur ahnen.

ULRIKE PIECHOTA

Inhaltsverzeichnis

Auch Lesen will gelernt sein … – Rezensenten, Bibliophile und der geschätzte Leser

Quellenverzeichnis

Texte:

Ephraim Kishon, Wie man ein Buch bespricht ohne es zu lesen © 1963 by LangenMüller in der F.A. Herbig Verlagsbuchhandlung GmbH, München.

Daniel Pennac, Die unantastbaren Rechte des Lesers, aus: Daniel Pennac: Wie ein Roman. Von der Lust zu lesen. Aus d. Franz. v. Uli Aumüller. © 1994, 2004, Verlag Kiepenheuer & Witsch GmbH 6 Co KG, Köln.

Ernst Penzoldt, Die Reise ins Bücherland, aus: Ernst Penzoldt, Die Reise ins Bücherland und andere Märchen. Erzählt und illustriert von Ernst Penzoldt. © Insel Verlag Frankfurt am Main und Leipzig 1988. Alle Rechte bei und vorbehalten durch Insel Verlag Berlin.

Ulrike Piechota, Ein Buch geht um die Welt, aus: Piechota, Ulrike: Der Sprung von der Kanzel. Neue satirische Variationen, 1992 © Ulrike Piechota.

Reinhold Stecher, Bischof und Privatsekretärin, aus: Reinhold Stecher, Fröhlich und ernst unter der Mitra © 1997, Tyrolia Verlag, Innsbruck.